DÉBUT D'UNE SÉRIE DE DOCUMENTS
EN COULEUR

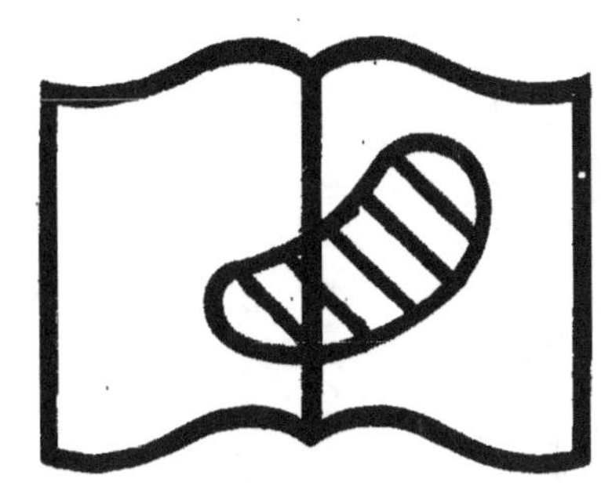

Illisibilité partielle

VALABLE POUR TOUT OU PARTIE DU
DOCUMENT REPRODUIT

V. ERMONI

Professeur au Scolasticat
des Lazaristes

Jésus et la Prière dans l'Évangile

BLOUD & Cie

1908

BLOUD et Cⁱᵉ, Éditeurs, 4, rue Madame, Paris VIᵉ

L'AVENIR DU CHRISTIANISME
LA VIE ET LA PENSÉE CHRÉTIENNES DANS LE PASSÉ
par Albert DUFOURCQ
Docteur ès-lettres, professeur à l'Université de Bordeaux

1 très beau et fort volume in-8 Prix : **7** francs
franco **7** *fr.* **75**

Pareil tableau d'ensemble exigeait, avec une grande variété de compétence, un talent de composition plus qu'ordinaire. On rendra simplement justice à l'auteur en disant qu'il s'est brillamment acquitté de sa tâche. Par la vigueur et la netteté avec lesquelles il a su construire le cadre et disposer les plans de son immense panorama, par la clarté et la saine originalité de ses informations, il a fait attrayante œuvre d'art en même temps qu'œuvre de solide érudition. Son livre est un riche et précieux répertoire de noms et de faits, mais il est infiniment plus et mieux. C'est une manière de *Discours sur l'histoire universelle* qui groupe les données actuelles de la science historique et d'où se dégagent sur Dieu, sur la providence, sur la liberté de l'homme, sur la réalité et l'enchaînement des causes secondes, sur la mission de l'Église et son mode d'action, sur le développement doctrinal et scientifique, sur la nature et les conditions du vrai progrès, quantité de conclusions qu'on réduirait facilement en axiomes de haute philosophie religieuse, morale ou sociale. Il faut renoncer à faire ici l'analyse d'un ouvrage aussi étendu. Je me contenterai d'indiquer parmi les pages les plus saillantes celles qui ont trait à la préparation du christianisme, au développement du pouvoir ecclésiastique et du dogme catholique, aux rapports des deux puissances. L'histoire de ces derniers rapports est en quelque sorte l'histoire même de l'Église...

Je signalerai encore, parmi les meilleurs, les chapitres, d'ailleurs courts, consacrés aux rivalités des patriarcats orientaux et aux tentatives obstinées des évêques de Byzance contre la primauté romaine (jusqu'au temps des iconoclastes inclusivement). C'est, tout entière, ou bien peu s'en faut, l'ancienne histoire des schismes et des hérésies. Là encore, M. Dufourcq a très bien vu et mis en remarquable relief la constante relation de la politique, c'est-à-dire en somme des intérêts personnels, avec les questions dogmatiques. On ne saurait trop conseiller aux auteurs de manuels d'histoire ecclésiastique la méditation de ces pages et l'exemple de leur rédaction. Trop habitués aux divisions abstraites et au morcellement systématique de leurs matières, ils font rarement saisir à leurs lecteurs, avec la même justesse et avec la même ampleur, les vrais facteurs et la marche exacte de l'évolution doctrinale, marche toujours singulièrement vivante et dont l'histoire est inséparable de l'histoire des événements ; car les idées ne naissent, ne prennent corps, ne se heurtent, ne combattent et ne triomphent guère que par l'effet des passions généreuses ou coupables des hommes qui s'en font les soutiens.

Au surplus, la vie, la vie tout entière de l'Église, de sa foi, de sa piété, de sa hiérarchie, de son apostolat, de sa charité, de son culte, de sa science, de ses arts, voilà peut-être ce qui ressort le mieux de ce premier volume si vivant lui-même.

Il a manifestement fallu un effort très méritoire et très personnel pour nous donner cette démonstration claire et animée de la force vitale du catholicisme. On n'en achèvera pas la lecture sans en emporter au moins la conviction raisonnée que le grand fleuve né en Palestine il y a dix-neuf cents ans, n'a pas de longtemps fini de rouler ses eaux salutaires à travers le monde. La continuité bienfaisante de son cours est d'autant plus assurée que les obstacles accumulés devant lui par les multiples dissidents de chaque génération, n'ont jamais eu d'autre effet que de lui faire prendre plus d'élan. Voilà le fait passé ; il garantit l'avenir.

J. DELARUE.

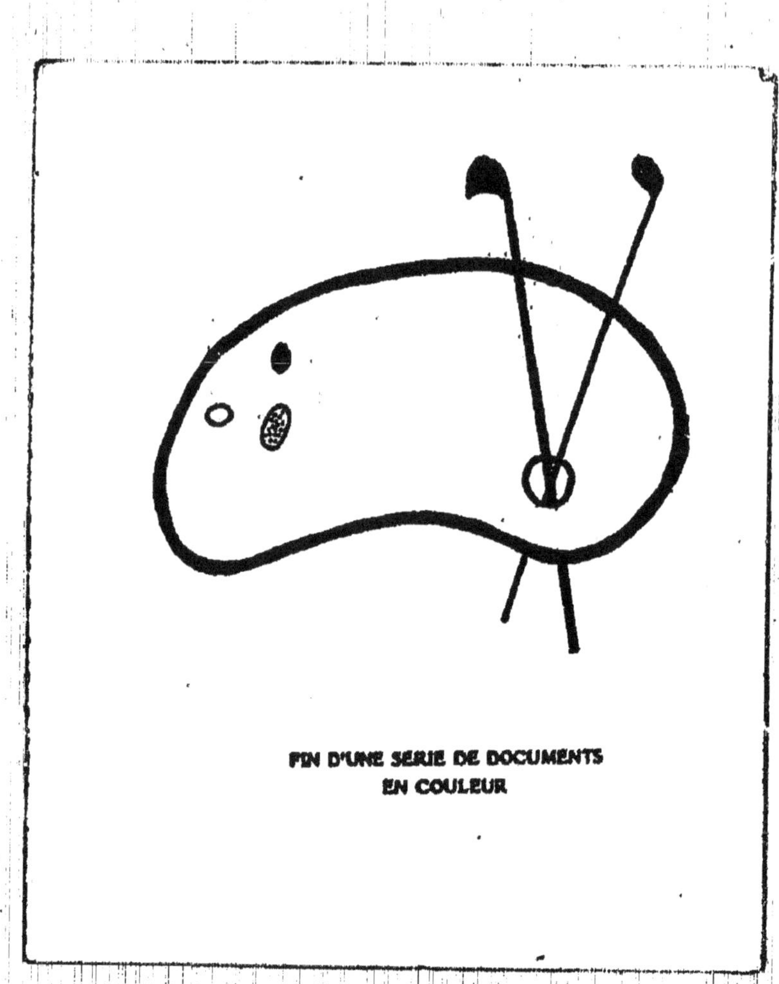

FIN D'UNE SERIE DE DOCUMENTS
EN COULEUR

Jésus et la prière

dans l'Evangile

PERMIS D'IMPRIMER

A. Fiat, *sup. gén.*

PERMIS D'IMPRIMER

Paris, 8 juin 1900.

P. Fages, *v. g.*

SCIENCE ET RELIGION
Études pour le temps présent

JÉSUS ET LA PRIÈRE

DANS L'ÉVANGILE

PAR

V. ERMONI

PARIS
LIBRAIRIE BLOUD ET Cie
4, RUE MADAME, 4
1907

MÊME COLLECTION

Du même auteur :

Saint Jean Damascène, collection *la Pensée Chrétienne.*

AVANT-PROPOS

La prière joue un rôle considérable dans les pratiques de la piété chrétienne. Après les sacrements, qui sont les canaux de la grâce, elle est incontestablement le plus sûr moyen d'obtenir les secours de Dieu. C'est là l'enseignement des Pères de l'Eglise. Par la prière, sous ses formes multiples, l'âme s'élève vers Dieu, entre en communication intime avec lui et lui exprime ses sentiments d'amour et de reconnaissance ou lui expose ses misères et ses besoins. On dit assez souvent que nous ne savons pas prier. Et cependant nous avons un Maître qui nous a enseigné l'art de la prière : c'est Jésus. La meilleure prière est celle qui est sortie de sa bouche. D'autres prières, dont il est l'intermédiaire ou le terme, méritent aussi notre admiration. C'est pour ce motif que je voudrais faire une substantielle étude sur Jésus et la prière dans l'Evangile. Sans négliger le côté pieux de la question, je me propose avant tout d'étudier au point de vue historique et critique cet important sujet. Cette recherche n'est d'ailleurs pas faite pour nuire à la piété chrétienne. Aucune piété ne peut se passer de la réalité historique, et, encore moins, de la vérité. Pour ses avantages spirituels, on a donc tout intérêt à connaître les circonstances et le caractère de la Prière de Jésus, par Jésus ou pour Jésus. Que l'on ne s'imagine pas, non plus, que ce travail est de nature à diminuer la beauté de cette Prière. Car la prière évangélique est le Cri le plus sublime que l'âme ait jamais poussé vers Dieu.

BIBLIOGRAPHIE

MATTHAEI BROUERII DE NIEDECK. *De populorum veterum ac recentiorum adorationibus Dissertatio*, Amsterdam, 1713.

BINGHAM : *Origines sive antiquitates ecclesiasticae*, Halle, 1724-1738.

SIMONS : *Historisch-Kritischer Versuch über das Gebet*, Nuremberg, 1799.

J. A. NOESSELT : *Observationes in orationem dominicam*, Halle, 1803.

REHM : *Historia precum biblica*, Göttingue, 1814.

C. F. STAUDLIN : *Geschichte der Vorstellungen und Lehren vom Gebet*, Göttingue, 1824.

LIGHTFOOT : *Horae hebraicae in Matth.*, VI, p. 118 et suiv.

HEFELE : *Zur Archäologie des häuslichen und Familiensleben*, dans les *Beiträgen zur Kirchengeschichte, Archäologie und Liturgie*, Tübingue, 1864.

CHASE : *The Lord's prayer in the early Church*.

PROBST : *Lehre und Gebet in den drei ersten christlichen Jahrunderten*, Tübingue, 1871.

PAUL CHRIST : *Die Lehre vom Gebet nach dem neuen Testament*, Leyde, 1886.

A. SEEBERG : *Die Anbetung des Herrn bei Paulus*, Riga, 1891.

P. CHAPUIS : *Die Anbetung Cristi* dans la *Zeitschr. f. Theol. und Kirche*, 1897, p. 28-79.

TH. ZAHN : *Die Anbetung Jesu im Zeitalter der Apostel*, Stuttgard, 1885.

AD. HARNACK : *Dogmengeschichte*, 3e édit., t. I., *passim*.

F. KATTENBUSCH : *Das apostolische Symbol*, t. II, 1897-1900.

E. F. VON DER GOLTZ : *Das Gebet in der ältesten Christenheit*, Leipzig, 1901, (œuvre capitale).

JÉSUS ET LA PRIÈRE DANS L'ÉVANGILE.

CHAPITRE PREMIER

La prière faite par Jésus lui-même.

I. DANS LES SYNOPTIQUES. — II. DANS LE QUATRIÈME ÉVANGILE.

I. — DANS LES SYNOPTIQUES.

Les prières, que les rédacteurs de la Synopse attribuent à Jésus, sont au nombre de trois. Elles portent toutes les mêmes caractères : simplicité, abandon filial, confiance absolue au Père céleste. Jetons un coup d'œil sur chacune d'elles.

A. — PRIÈRE D'ACTION DE GRACES.
(Mt, xi, 25-26 ; Lc, x, 21.)

Cette prière est ainsi conçue : « Je te rends grâces, Père, Seigneur du Ciel et de la terre, de ce que tu as caché ces choses aux sages et aux intelligents, et de ce que tu les as révélées aux enfants. Oui, Père, [je te rends grâces] de ce que tu l'as voulu ainsi (1). » La prière est substantiel-

---

(1) Ἐξομολογοῦμαι σοι, πάτερ, κύριε τοῦ οὐρανοῦ καὶ τῆς γῆς, ὅτι ἀπέκρυψας ταῦτα ἀπὸ σοφῶν καὶ συνετῶν, καὶ ἀπεκάλυψας αὐτὰ νηπίοις. Ναί, ὁ πατήρ, ὅτι οὕτως ἐγένετο εὐδοκία ἔμπροσθεν σου.

lement la même dans saint Matthieu et saint Luc. Le verbe grec : ἐξομολογεῖν, qui signifie ordinairement « confesser, avouer », a ici le sens de : εὐχαριστεῖν, « rendre grâces ». Origène les a identifiés (1) ; il correspond à l'hébreu, *îâdâh ;* c'est ainsi que les Septante ont traduit Ps. xviii, 49, (grec, xvii, 50) : διὰ τοῦτο ἐξομολογήσομαί σοι, κ. τ. λ. Le Siracide dit également, li, 1 : Ἐξομολογήσομαί σοι, Κύριε βασιλεῦ, κ. τ. λ. *L'Epître aux Romains* emploie, xiv, 11 et xv, 9, d'après les Septante, ce même verbe à la forme future et dans le même sens. Il est donc permis de supposer que Jésus s'est approprié les paroles du Psalmiste et du Siracide. L'expression : « Seigneur du ciel et de la terre » pourrait être rapprochée du texte de Tob., viii, 15, dans le *Sinaiticus :* « ils bénirent le Dieu du ciel », εὐλόγησαν τὸν Θεὸν τοῦ οὐρανοῦ. Dalman, *Worte Jesu,* I, p. 142, 173, prétend y retrouver une source araméenne : *Mârâ d-schamai ve-ârâ!* L'autre partie de la prière : « Tu les as révélées aux enfants » présente une évidente analogie avec le Ps. viii, 3 (grec) : « De la bouche des enfants et de ceux qui sont à la mamelle (2) tu as tiré des louanges (3). » Il est à peine besoin de faire ressortir la beauté séduisante et l'attrait de cette prière. L'expression par laquelle elle débute : « Père », est de nature à inspirer la plus grande confiance et l'abandon le plus intime. Ce Père, qui est aussi le Seigneur du ciel et de la terre, semble se communiquer aux humbles et aux petits, ce qui déroute tous les calculs et les combinaisons des hommes. Il appartient précisément à l'Etre tout-puissant de se mettre au niveau de tous les esprits,

---

(1) τὸ γὰρ ἐξομολογοῦμαι ἴσον ἐστὶ τῷ εὐχαριστῶ. *(De Orat.,* xiv, 5).

(2) ἐκ στόματος νηπίων καὶ θηλαζόντων, κ. τ. λ.

(3) Cf. Mt, xxi, 16.

car c'est de lui que tous les esprits proviennent (1).

B. — LA PRIÈRE DE GETHSÉMANI.
(Mt, xxvi, 39ᵇ, 42, 44 ; Mc, xiv, 35ᵇ, 36, 39 ;
Lc, xxii, 42, 43, 44.)

1° *Le texte.*

Commençons d'abord par prendre connaissance du texte. Cette première opération nous permettra de mettre en lumière les variantes textuelles, ce qui est toujours important pour la pénétration du sens lui-même. Pour cela, à l'exemple de von der Goltz, nous disposerons le texte en trois colonnes.

(1) On pourrait se demander s'il y a quelque rapport entre cette prière de Jésus et Is., xxix, 14ᵇ, et I Cor., i, 19.

Mt, XXVI.	Mc, XIV.	Lc, XXII.
[39b] πάτερ, εἰ δυνατόν ἐστιν παρελθάτω ἀπ' ἐμοῦ τὸ ποτήριον τοῦτο πλὴν οὐχ ὡς ἐγὼ θέλω ἀλλ' ὡς σύ.	[35b] εἰ δυνατόν ἐστιν παρέλθῃ ἀπ' αυτου ἡ ὥρα.	[42] Πάτερ εἰ βούλει παρένεγκε (1) τοῦτο τὸ ποτήριον ἀπ' ἐμοῦ · πλὴν μὴ τὸ θέλημά μου, ἀλλὰ τὸ σὸν γενέσθω.
[42] Πάλιν ἐκ δευτέρου ἀπελθὼν προσηύξατο λέγων · πάτερ μου, εἰ οὐ δύναται τοῦτο παρελθειν ἐὰν μὴ αὐτὸ πίω, γενηθήτω τό θέλημά σου.	[36] Καὶ ἔλεγεν · ἀββᾶ ὁ πατήρ, πάντα δυνατά σοι · παρένεγκε τὸ ποτήριον τοῦτο ἀπ' ἐμοῦ · ἀλλ' οὐ τί ἐγὼ θέλω ἀλλὰ τί σύ.	[43] Ὤφθη δὲ αὐτῷ ἄγγελος ἀπ' οὐρανοῦ ἐνισχύων αὐτόν.
[44] Καὶ ἀφεὶς αὐτοὺς πάλιν ἀπελθών προσηύξατο ἐκ τρίτου τὸν αὐτὸν λόγον εἰπὼν πάλιν.	[39] Καὶ πάλιν ἀπελθών προσηύξατο τὸν αὐτὸν λόγον εἰπών.	[44a] Καὶ γενόμενος ἐν ἀγωνίᾳ ἐκτενέστερον προσηύχετο.

(1) J'adopte la leçon la plus probable ; car certains Manuscrits portent : παρενεγεῖν, d'autres : παρενέγκαι.

2° *La traduction* (1).

Mt	Mc	Lc
[39^b] Père, si c'est possible, que ce calice s'éloigne de moi. Cependant non pas comme je veux, mais comme tu veux.	[35^b] (et pria que), s'il est possible, *cette heure s'é-*loigne de *lui*.	[42] Père, *si tu veux, éloigne* ce calice de moi. Toutefois que *ma volonté ne se fasse pas*, mais la tienne.
[42] S'étant éloigné *une seconde fois, il pria disant :* « *Mon Père, s'il n'est pas possible que ce* [calice] *s'éloigne sans que je le boive, que ta volonté soit faite*.	[36] Et il dit : « *Abba* (2), ô Père, *toutes choses sont possibles à toi*. Eloigne ce calice de moi. Toutefois, non pas ce que je veux, mais ce que tu veux [s'accomplisse].	[43] *Alors un ange lui apparut du ciel, pour le fortifier*.
[44] *Et les ayant quittés, et s'étant éloigné de nouveau, il fit une troisième fois la même prière, disant de nouveau*.	[39] Et s'étant éloigné de nouveau, il fit *la même prière*, disant.	[44^a] *Et étant tombé en agonie, il priait plus instamment*.

(1) J'écris en italiques les principales variantes.
(2) Mot araméen qui signifie « Père ».

3° *L'objet de la prière.*

L'objet de la prière s'affirme dans deux sentiments : un *désir* de voir le calice s'éloigner ;
une *soumission* parfaite à la volonté du Père.
Pourquoi cette défaillance morale de la part d'un
Dieu qui connaissait d'avance le sacrifice qu'il
allait faire ? La théologie spéculative et déductive
voit dans cette défaillance un effet de la nature
humaine. La critique, qui est essentiellement posi-
tive, constate le fait et en emprunte l'explication
à la doctrine de l'Eglise. Jésus traverse la crise
la plus terrible de son existence terrestre ; il est
sur le point de verser son sang sur la croix. A ce
moment il adjure son Père d'éloigner ce calice
douloureux ; mais sa perfection morale reprend
immédiatement le dessus ; et il se soumet à la
volonté de son Père. Ces deux sentiments psy-
chologiques s'enchaînent ou plutôt se suivent au
fond de son âme. Il ne faut pas s'étonner de cette
psychologie divine et mystérieuse. L'homme lui-
même passe parfois d'un sentiment à son opposé.
S'il en est ainsi de l'homme, il ne faut pas être
trop surpris de ce phénomène psychologique. En
tout cas personne ne saura jamais ce qui se passa
en ce moment dans l'intérieur de l'âme de Jésus.
Nous saisissons bien l'extérieur. Quant à la face
interne du phénomène, elle nous échappera à
jamais, car nous ne sommes pas assez perspicaces
pour explorer les profondeurs de l'âme du Sauveur.

C. — LA PRIÈRE SUR LA CROIX.

La prière de Jésus sur la croix nous est parvenue dans trois formules : la première se trouve
dans saint Luc, la deuxième dans saint Matthieu
et dans saint Marc, la troisième de nouveau dans
saint Luc. Quelques mots sur chacune.

1º La première formule de saint Luc, xxiii, 34, est ainsi conçue : « Père, pardonne-leur ; ils ne savent pas en effet ce qu'ils font » ; Πάτερ, ἄφες αὐτοῖς · οὐ γὰρ οἴδασιν τί ποιοῦσιν (1). Cette première formule est une simple intercession en faveur de ses ennemis. Jésus prie son Père de pardonner à ses ennemis, et, pour rendre ce pardon inévitable, il allègue le motif de leur ignorance. On ne peut en effet punir un criminel qui n'a pas conscience de son acte. Les ennemis de Jésus savaient fort bien qu'ils mettaient à mort un homme. Savaient-ils qu'ils tuaient un Dieu ? Peut-être leur intelligence ne perçut-elle pas clairement la vérité. Sur le point de verser son sang, Jésus pratique le conseil qu'il avait donné à ses disciples, Mt, v, 44.

2º La deuxième formule se trouve dans Matthieu, xxvii, 46ᵇ, et Marc, xv, 34ᵇ (2). Le texte est celui-ci : « Mon Dieu, mon Dieu, pourquoi m'as-tu abandonné ? » Ἠλί, ἠλί, λαμὰ σαβαχθανί. L'expression Ἠλί de saint Matthieu a une couleur plus hébraïque ; l'expression Ἐλωί de saint Marc est plus ara-

(1) Ce verset manque dans le *Sinaiticus a*, dans les Manuscrits onciaux B, D, dans certains manuscrits latins, dans la version syriaque du Sinaï et la version copte-sahidique. Nous ne pouvons naturellement pas nous arrêter à discuter toutes les hypothèses critiques faites sur ce sujet. On peut en voir le résumé dans von der Goltz, p. 21, note 1. Qu'il nous suffise de dire que ces paroles furent aussi prononcées par saint Étienne, *Act.*, vii, 60 (grec), 59 (latin), et par saint Jacques (Eusèbe, H. E., ii, 23¹⁶, d'après Hégésippe).

(2) Beaucoup de critiques pensent que ces paroles sont un emprunt, ou une adaptation du Psaume xxi, 2ᵃ. Cette hypothèse, serait-elle vraie, ne porterait aucune atteinte aux paroles de Jésus. Le Psaume xxi, un des plus messianiques, a été utilisé par les écrivains du Nouveau Testament comme on peut s'en convaincre en jetant un coup d'œil sur une Concordance.

méenne. Au point de vue psychologique, cette prière n'est qu'un cri de soumission.

3° La troisième formule (seconde de saint Luc) est la suivante, Luc, xxiii, 46 : « Père, je remets mon esprit entre tes mains », Πάτερ, εἰς χεῖράς σου παραθήσομαι τὸ πνεῦμα μου. C'est l'expression d'un abandon filial à son Père et d'une confiance absolue dans l'avenir de son œuvre (1).

II. — DANS LE QUATRIÈME ÉVANGILE (2).

Le quatrième Evangile contient trois prières de Jésus.

A. — SUR LE TOMBEAU DE LAZARE (XI, 41, 42.)

41. « Jésus, ayant levé les yeux en haut dit : Père, je te rends grâces de ce que tu m'as exaucé. 42. Pour moi, je savais que tu m'exauces toujours, mais j'ai parlé à cause de la foule qui m'entoure, afin qu'ils croient que c'est toi qui m'as envoyé (3). » Le geste qui précède la prière, 41[b] : « Jésus ayant levé les yeux en haut » est le même

(1) Ces paroles sont identiques à celles du Psaume xxx, 6, [grec] : εἰς χεῖράς σου παραθήσομαι τὸ πνεῦμά μου. — Dans les *Actes*, vii, 58[b], saint Etienne dit aussi : Κύριε Ἰησοῦ, δέξαι τὸ πνεῦμά μου. — Dans l'*Apocalypse de Moïse* nous lisons : : Θεὲ τῶν ἁπάντων, δέξαι τὸ πνεῦμά μου καὶ εὐθέως παρέδωκε τῷ Θεῷ τὸ πνεῦμα αὐτῆς. (Cf. A. RESCH, *Ausserk. Parall.*, ii, p. 741). — Saint Jean remplace, xix, 30[b], les formules synoptiques par une exclamation d'attestation et de résignation : « C'est consommé », Τετέλεσται.

(2) Il va de soi que nous n'avons pas à nous occuper ici de la valeur historique du quatrième Evangile.

(3) Quelques critiques regardent le verset 42 comme une réflexion de l'Evangéliste. On ne saurait nier de

que dans Marc, VII, 34ᵃ. D'ailleurs l'élévation des yeux vers le ciel, dont le langage théologique fait le séjour de Dieu, est un geste presque ordinaire de toutes les prières antiques. Le début de la prière elle-même, 41ᶜ, est une action de grâces : Πάτερ εὐχαριστῶ σοι, et se rapproche de Matthieu, XI, 25ᵇ. Le Sauveur sait parfaitement que son Père l'a déjà exaucé ; c'est ce qui rend plus embarrassant encore le verset 42, car la foule, qui allait assister à un miracle de premier ordre : la résurrection de Lazare, versets 43, 44, n'avait pas besoin de cette réflexion, pour croire au caractère messianique et divin de Jésus. Si l'on admet donc avec certains critiques que le verset 42 n'est qu'une incidente qui rompt l'enchaînement du discours dans la bouche d'un Thaumaturge sûr de son œuvre, on donne au récit un équilibre bien plus littéraire. Nous n'osons d'ailleurs pas insister, car c'est là un détail absolument secondaire.

B. — La prière faite à Jérusalem (XII, 27ᵇ — 28ᵃ)

Cette courte prière fut faite à l'occasion de l'entrée triomphale de Jésus à Jérusalem : « Père, sauve-moi de cette heure... Père, glorifie ton nom » ; Πάτερ, σῶσόν με ἐκ τῆς ὥρας ταύτης... Πάτερ, δόξασόν σου τὸ ὄνομα. La première partie de la prière n'est évidemment qu'une variante de la prière au jardin de Gethsémani des Synoptiques. Comment le rédacteur du quatrième Évangile l'a-t-il connue ? Tout porte à croire qu'elle avait été conservée par la tradition. La seconde partie se comprend moins aisément. Le seul sens qu'elle puisse avoir, c'est d'être le but de la première partie. Jésus dit :

prime abord que ce verset ne paraisse déplacé dans la bouche de Jésus. D'autre part le verset 43 continue plus naturellement le verset 41.

« Père, sauve-moi de cette heure ». Et pourquoi ?
« Pour glorifier par là ton nom ».

C. — La prière de la glorification (XVII).

Le chapitre xvii du quatrième Evangile est certainement la plus belle et la plus longue prière de
Jésus. Au point de vue critique on ne saurait
affirmer que cette prière telle que nous l'avons
soit sortie de la bouche même de Jésus. La grande
majorité des critiques pense aujourd'hui que ce
Discours est une admirable composition de l'auteur même de l'Evangile, destinée à exprimer
la conception qu'il se faisait de Jésus. Pour notre
part, nous croyons cette opinion exagérée.
Comme nous avons d'ailleurs en vue non de discuter le côté critique du problème, mais uniquement
d'analyser le contenu même de la prière, l'authenticité de la prière n'a, dans le cas présent, qu'une
importance relative. Envisagée en elle-même,
la prière se divise en trois parties : 1° La première, 1-5ᵃ, a pour but la glorification du Père
et du Fils ; 2° la deuxième, 6 [à partir de *Pater*]-19,
est consacrée aux disciples ; 3° la troisième enfin,
20-26, s'adresse à ceux qui croient en Jésus. Le
Sauveur commence par exprimer son ardent
désir de voir le Père glorifier le Fils, comme le
Fils a glorifié le Père ; le verset 3, particulièrement, nous apprend que la vie éternelle consiste à
connaître le seul vrai Dieu, et Jésus-Christ son
envoyé. Jésus a manifesté le nom du Père à ses
disciples ; ces derniers ont reçu sa parole et ont
cru que Jésus vient du Père et a été envoyé par le
Père. Jésus adresse au Père une fervente prière
pour qu'il conserve ses disciples au milieu du
monde et qu'il les sanctifie. Il termine enfin par
une autre prière demandant que les disciples conservent l'union entre eux. Au point de vue des
idées, cette prière est d'une beauté incomparable.

Tous ces sentiments si élevés se suivent et s'enchaînent avec une expression et un naturel qui touchent et impressionnent. Jamais l'âme humaine n'a trouvé de pareils accents pour parler au Père céleste. Cette prière est vraiment digne du cœur de Jésus.

CHAPITRE II

L'Oraison dominicale, ou la Manière de prier enseignée par Jésus à ses disciples.

D'après saint Luc, xi, 1ᵉ, l'Oraison dominicale fut prononcée par Jésus à la suite de la demande de ses disciples. « Seigneur, dirent-ils, enseigne-nous à prier » ; Κύριε, δίδαξον ἡμᾶς προσεύχεσθαι. Pour le mieux toucher, ils ajoutent un argument *a simili :* « Comme Jean l'enseigne à ses disciples ». Les deux autres synoptiques ne mentionnent pas ce détail, ce qui permet de supposer que la demande des disciples appartient à une couche rédaction-nelle différente du Document primitif. Que cette prière ait été ou non sollicitée, il n'en reste pas moins vrai que Jésus la donne comme une formule à ses disciples ; et comme les disciples consti-tuaient le germe de l'Eglise, l'Oraison dominicale est devenue la prière officielle et commune de tous les chrétiens. A tout moment du jour des milliers de bouches la récitent dans des milliers d'églises ; elle ouvre les prières du matin et du soir, et c'est la première qu'on apprend aux enfants à balbutier. Elle contient en raccourci tous les éléments de la piété chrétienne, et, ce qui est plus étonnant, elle convient à tous les âges et à toutes les conditions. L'humanité religieuse y trouvera toujours un aliment aux aspirations de la conscience, et l'hu-manité souffrante y puisera toujours une consola-tion et un soulagement.

**I. LE TEXTE. — II. LA TRADUCTION. — III. LES CIRCONSTANCES
IV. L'ORIGINE. — V. LE CONTENU. — VI. L'AUTHENTICITÉ**

I. — LE TEXTE.

L'Oraison dominicale nous est parvenue dans trois recensions différentes, que nous juxtaposons dans un tableau comparatif.

Mt, vi, 9-13.	Lc, xi, 2-4.	Didaché, viii, 2.
Πάτερ ἡμῶν ὁ ἐν τοῖς οὐρανοῖς,	Πάτερ [ἡμῶν ὁ ἐν τοῖς οὐρανοῖς] (1),	Πάτερ ἡμῶν ὁ ἐν τῷ οὐρανῷ,
[1] ἁγιασθήτω τὸ ὄνομά σου,	[1] ἁγιασθήτω τὸ ὄνομά σου,	[1] ἁγιασθήτω τὸ ὄνομά σου,
[2] ἐλθέτω ἡ βασιλεία σου,	[2] ἐλθέτω ἡ βασιλεία σου,	[2] ἐλθέτω ἡ βασιλεία σου,
[3] γενηθήτω τὸ θέλημά σου ὡς ἐν οὐρανῷ καὶ ἐπὶ τῆς γῆς.	[3] γενηθήτω τὸ θέλημά σου ὡς ἐν οὐρανῷ καὶ ἐπὶ τῆς γῆς,	[3] γενηθήτω τὸ θέλημά σου ὡς ἐν οὐρανῷ καὶ ἐπὶ γῆς,
[4] τὸν ἄρτον ἡμῶν τὸν ἐπιούσιον δὸς ἡμῖν σήμερον,	[4] τὸν ἄρτον ἡμῶν τὸν ἐπιούσιον δίδου ἡμῖν τὸ κατ'ἡμέραν,	[4] τὸν ἄρτον ἡμῶν τὸν ἐπιούσιον, δός ἧμῖν σήμερον,
[5] καὶ ἄφες ἡμῖν τὰ ὀφειλήματα ἡμῶν ὡς καὶ ἡμεῖς ἀφίεμεν τοῖς ὀφειλέταις ἡμῶν,	[5] καὶ ἄφες ἡμῖν τὰς ἁμαρτίας ἡμῶν, καὶ γὰρ αὐτοὶ ἀφίεμεν παντὶ ὀφείλοντι ἡμῖν,	[5] καὶ ἄφες ἡμῖν τὴν ὀφειλὴν ἡμῶν, ὡς καὶ ἡμεῖς ἀφίεμεν τοῖς ὀφειλέταις ἡμῶν,
[6] καὶ μὴ εἰσενέγκῃς ἡμᾶς εἰς πειρασμόν,	[6] καὶ μὴ εἰσενέγκῃς ἡμᾶς εἰς πειρασμόν,	[6] καὶ μὴ εἰσενέγκῃς ἡμᾶς εἰς πειρασμόν,
[7] ἀλλὰ ῥῦσαι ἡμᾶς ἀπὸ τοῦ πονηροῦ.	[7] ἀλλὰ ῥῦσαι ἡμᾶς ἀπὸ τοῦ πονηροῦ.	[7] ἀλλὰ ῥῦσαι ἡμᾶς ἀπὸ τοῦ πονηροῦ.

(I. POUR DIEU — II. POUR SOI-MÊME)

(1) Les mots entre [ ] sont rejetés par les meilleures éditions critiques.

II. — TRADUCTION.

Mt	Lc	*Didaché*
Notre Père qui [es] aux cieux,	[Notre] Père [qui (es) aux cieux].	Notre Père qui [es] dans le ciel,
[1] que ton nom soit sanctifié,	[1] que ton nom soit sanctifié,	[1] que ton nom soit sanctifié,
[2] que ton règne vienne,	[2] que ton règne vienne,	[2] que ton règne vienne,
[3] que ta volonté soit faite sur la terre comme au ciel,	[3] que ta volonté soit faite sur la terre comme au ciel,	[3] que ta volonté soit faite sur la terre comme au ciel,
[4] donne-nous aujourd'hui notre pain pour la subsistance,	[4] Donne-nous *chaque jour* (2) notre pain pour la subsistance.	[4] Donne-nous aujourd'hui notre pain pour la subsistance,
[5] et remets-nous nos dettes comme nous [les] remettons à nos débiteurs,	[5] et remets-nous nos *péchés*, *car* nous remettons à *tout débiteur*,	[5] et remets-nous notre *dette*, comme nous [la] remettons à nos débiteurs,
[6] et ne nous induis pas en tentation,	[6] et ne nous induis pas en tentation,	[6] et ne nous induis pas en tentation,
[7] mais délivre-nous du malin (1).	[7] mais délivre-nous du malin.	[7] mais délivre-nous du malin.

(1) En grec le mot ὁ πονηρός est au masculin. Il ne faut donc pas traduire : *du mal,* mais : *du malin,* c'est-à-dire : *du diable.*

(2) J'écris en italiques les variantes par rapport au texte de saint Matthieu.

III. — LES CIRCONSTANCES.

Il est impossible de déterminer le *lieu* où fut prononcée cette prière. Dans saint Matthieu elle fait
suite au Discours sur la montagne ; cette longue
parainèse fut prononcée sur la montagne, εἰς τό ὄρος,
v, 1. On ignore quelle est cette montagne. D'ailleurs
il est difficile d'admettre que Jésus ait prononcé ce
Discours en une seule fois. Sa manière de parler
ne s'harmonise pas aisément avec des développe-
ments qui accusent un art assez accentué et une
mise en scène presque oratoire. Saint Luc dit
simplement, xi, 1, qu'elle fut prononcée « en un
certain lieu, » ἐν τόπῳ τινί. Il est à présumer que dans
la source commune aux deux synoptiques il n'y
avait aucune indication locale ; les deux rédacteurs
suppléèrent à cette lacune. On peut aussi supposer
que ces indications sont des déterminations de la
tradition postérieure. L'hypothèse que les deux
synoptiques ont puisé à deux sources différentes
n'est pas non plus à dédaigner. Dans saint Luc
l'Oraison dominicale est séparée du Discours sur
la montagne, vi, 17-38. Ce Discours fut prononcé,
d'après saint Luc, verset 17, dans un « lieu cham-
pêtre » ἐπὶ τόπου πεδινοῦ. Il est probable que les deux
parainèses furent prononcées en deux circonstances différentes. Le rédacteur du premier Evangile, qui cherche surtout à niveler et à harmoniser
dans l'intérêt de sa perspective, les a fondues en
une seule. Rien n'indique que l'Oraison dominicale elle-même ait été prononcée en une seule
fois. On serait plutôt porté à penser, par l'analyse du texte, que les différentes demandes, qui la
composent, sont des maximes de Jésus prononcées en différentes conjonctures et que les rédacteurs synoptiques ont réunies en une petite instruc-
tion en y mettant leur trame propre. On est allé
plus loin et l'on a prétendu que l'Oraison dominicale est non pas une composition de Jésus, mais

une sorte de catéchisme issu de la prédication apostolique ; la raison qu'on en donne, c'est qu'elle ne se trouve pas dans l'Evangile de saint Marc. D'autre part, comme elle se trouve aussi dans la *Didachè*, elle serait une prière liturgique qu'on récitait dans les assemblées chrétiennes. Cette thèse n'est pas soutenable. L'Oraison dominicale est une composition authentique de Jésus.

L'occasion est aussi incertaine. Nous avons déjà vu que, pour saint Luc, xi, 1, cette occasion est la demande même des disciples. D'après toutes les vraisemblances, cette donnée n'est guère historique. Elle paraît être introduite pour amener la reprise de la prière que Jésus avait interrompue. Pour saint Matthieu, vi, 7, l'occasion est de les mettre en garde contre le mode de prier des Gentils qui consistait en un verbiage inutile et fatigant : βατταλογεῖν, répétition précipitée des mêmes paroles comme il convient aux bègues (1). Ils se figurent qu'ils seront exaucés dans leur *polylogie*. L'occasion assignée par saint Matthieu ne paraît pas meilleure que celle de saint Luc (2).

IV. — L'Origine de l'Oraison dominicale.

A. — L'Oraison dominicale et les prières juives.

On prétend que l'Oraison dominicale est non pas une œuvre originale de Jésus, mais un

(1) C'est la leçon des éditions critiques. Le texte *receptus* et quelques Manuscrits ont la leçon ; βαττολογεῖν. Suivant Suidas et Erasme ce mot vient de *Battus* (Βάττος), roi de Cyrène qui, d'après Hérodote, iv, 155, était bègue. Hesychius y voit avec plus de raison une Onomatopée (κατὰ μίμησιν τῆς φώνῆς). On avait donné à Démosthène le surnom railleur : Βάτταλος. Les mots analogues : βατταρίζειν, βατταρισμός, βατταριστής, sont des onomatopées.

(2) B. Weiss, *Matthäus*, 8° edit., p. 130.

emprunt fait au Judaïsme. Il est certain qu'il existe de fortes analogies partielles entre l'Oraison dominicale et les prières en usage chez les Juifs vers l'époque de Jésus-Christ. Avant de nous prononcer sur la valeur de cette théorie, il est nécessaire que nous dressions le tableau de ces analogies . Par ce moyen on pourra plus facilement se rendre compte du bien fondé des affirmations de certains critiques (1).

L'ADRESSE : — « Pater noster, qui es in cœlis, sic nobiscum agas sicut promisisti per prophetas » ; *Notre Père, qui êtes aux cieux, agis envers nous comme tu l'as promis par les prophètes. (Maimonides, dans Tephiloth). — Que la prière de toute la maison d'Israël devant son Père céleste soit reçue (Kaddisch).*

PREMIÈRE DEMANDE : — *Que son grand nom soit exalté et sanctifié* (commencement du *Kaddisch*). — *Tu es saint et ton nom est merveilleux* (3ᵉ demande de la *18ᵉ Prière*). — *Notre Père, notre Roi, sois pour nous gracieux et écoute-nous, car ton grand nom est invoqué sur nous* (passage d'un livre de prières juif de date récente ; cf. Chase, p. 31).

DEUXIÈME DEMANDE : — « Oratio, in qua non est memoratio regni Dei, non est oratio » ; *La prière, qui ne mentionne pas le règne de Dieu, n'est pas prière. (Berachoth Babyl.).* — « Non oblitus sum memorare nomen tuum et regnum tuum » ; *Je n'ai pas oublié de mentionner ton nom et ton règne. (R. Jochanan).* — *Que sa puissance de*

<hr>

(1) SOURCES : *Enoch (la 18ᵉ prière) ; Maïmonides (Tephiloth) ; le Kaddisch (du service de Dieu) ; Berachoth babylonien.* — TRAVAUX : VITRINGA : *De synagoga ;* LIGHTFOOT : *Horae hebraicae ;* DALMAN : *Worte Jesu,* I, *appendice.* Ceux qui ne peuvent recourir ni aux sources, ni aux travaux, pourront consulter avec profit VON DER GOLTZ, p. 40-41.

roi gouverne [*îmlôk malkûthéyh.*] (*Kaddisch.*)

TROISIÈME DEMANDE : — « Quaenam est oratio brevis » ? R. Eliezer : « Voluntatem fac in cœlis et dato quietem spiritus timentibus te infra » ; *Quelle est la prière courte ?* R. Eliezer : *Fais* [ta] *volonté dans les cieux et donne le repos d'esprit à ceux qui te craignent sur la terre.* (*Berachoth Babyl.*, fol. 29, 2.)

QUATRIÈME DEMANDE: — *Bénis-nous l'année ; bénis notre année.* (*Habinenu*) (1).

CINQUIÈME DEMANDE : — *Pardonne-nous, notre Père, car nous avons péché devant toi.* (6ᵉ demande de la *18ᵉ Prière*); — *Pardonne-nous et délivre-nous.* (*Habinenu palest.*).

SIXIÈME DEMANDE *:* — Rien.

SEPTIÈME DEMANDE : — « Rabbi Judah precari sic fuit solitus : « Sit bene placitum tuum et liberes nos ab impudentibus et impudentia, ab homine malo et ab concursu malo et ab affectu malo, a socio malo, a vicino malo, a Satana destructore, a judicio duro et ab adversario duro » ; *Rabbi Judah avait l'habitude de prier ainsi : « Que ton bon plaisir s'accomplisse, et que tu nous délivres des impudents et de l'impudence, de l'homme méchant et du concours mauvais et de l'affection mauvaise, du compagnon méchant, du voisin méchant, de Satan destructeur, du jugement dur et de l'adversaire dur ».* (Lightfoot, p. 300 ; cf. aussi les 7ᵉ et 8ᵉ demandes de la *18ᵉ Prière*) (2).

Ces analogies sont, on ne saurait le contester, très frappantes. S'ensuit-il que l'Oraison dominicale ne soit qu'un simple plagiat ? Non, certes. Car, en premier lieu, ces ressemblances ne sont

(1) Le *Habinenu,* « Notre Père », est un résumé de la *18ᵉ Prière.*

(2) Pour plus de détails, cf. VITRINGA, p. 1041, et DALMAN, *appendice 7,* p. 304, et *appendice 8,* p. 305.

que partielles, et, en second lieu, il n'est pas sûr
que ces prières juives soient antérieures au Christianisme (1). L'emprunt a pu être fait par l'Eucho-
logie juive à l'Oraison dominicale. La meilleure
hypothèse est que Jésus, pour certaines expres-
sions et locutions, s'est inspiré de l'Ancien Testament ; par exemple : DEUT., xxxii, 6 *(pater tuus)*
et Is., LXIII, 16 *(pater noster)* ; cf. aussi Ps. cii (Vul-
gate), 13 ; SAG., ii, 16 ; xiv, 3 ; SIR., xxiii, 1 ; — Ps. ii,
4 *(qui habitat in cœlis)*, et Ps. cxv (hébr.), 3 *(notre
Dieu dans les cieux, « âloheynû ba-schâmâîm »)* ;
— Is., viii, 13 *(Dominum exercituum ipsum sanc-
tificate)* ; xxix, 23 *(sanctificantes nomen tuum)* ;
Ps. v, 12 (qui diligunt *nomen tuum)* ; ix, 11 (qui
noverunt *nomen tuum)*. Pour l'ensemble, on peut
lire le chapitre xiii de Tobie et le chapitre li de
l'Ecclésiastique.

B. — L'ORAISON DOMINICALE ET LE DISCOURS
DE SAINT JEAN BAPTISTE.

J. A. Noesselt soutint (2) que l'Oraison dominicale n'est qu'une forme développée du Discours
de saint Jean Baptiste. Voici les ressemblances
qu'on a remarquées entre le Discours de saint
Jean Baptiste et l'Oraison dominicale :

(1) Cf. B. WEISS, *Matthäus*, 8° édit., p. 137.

(2) *Observationes ad orationem quam vocant Dominicam*, dans ses *Exercitationes ad Sacr. Script. inter-
pretationem*, Halle, 1803.

DISCOURS DE SAINT JEAN BAPTISTE	ORAISON DOMINICALE
Πάτερα (Lc, III, 8.)	Adresse.
ἡ βασιλεία τῶν οὐρανῶν (Mt, III, 2)	2º demande.
βάπτισμα μετανοίας, (Lc, III, 3 ; Mc, I, 4).	
καρποὺς ἀξίους τῆς μετανοίας (Lc, III, 8).	
ἀρχεῖσθε (Lc, III, 14).	4º demande.
ἄφεσις ἁμαρτιῶν (Lc, III, 3 ; Mc, III, 4).	5º demande.

Ces ressemblances ne sont ni assez nombreuses
ni assez frappantes pour établir la thèse de la
dérivation et du développement. D'autre part
elles s'expliquent fort bien par l'identité de but
que poursuivaient saint Jean Baptiste et Jésus.
Tous deux prêchèrent la réforme morale, la péni-
tence et le royaume de Dieu.

V. — LE CONTENU DE L'ORAISON DOMINICALE.

Comme toute prière populaire l'Oraison dominicale est à la fois *simple, naturelle* et *spontanée*. Il n'y a là aucune recherche, aucune
combinaison savante. C'est le cri d'une âme profondément religieuse, et pleinement confiante dans
la bonté du Roi des cieux. Ce caractère est en
parfaite harmonie avec la mission de Jésus. Le
Sauveur n'est ni un philosophe qui cherche à convaincre par la profondeur de ses considérations et
la finesse de ses analyses ; ni un rhéteur qui
cherche à émouvoir par le feu de son éloquence ;
ni un savant qui vise à démontrer par l'exactitude
de ses expériences ou de ses déductions. C'est un
prédicateur populaire qui parle directement à

l'âme dont il connaît à merveille les précieuses ressources, la générosité, la vitalité et aussi l'énergie pour s'attacher aux grandes causes, aux idées nobles et élevées. L'Oraison dominicale reflète parfaitement cette attitude.

Par le tableau de la page 22, on peut constater que les sept demandes de l'Oraison dominicale se divisent en deux groupes : les trois premières se rapportent à Dieu ; les quatre dernières regardent les fidèles qui prient. Les rapports de Dieu et de l'homme sont pour la philosophie toute la religion. D'autre part, l'Oraison dominicale semble n'être, dans la pensée de Jésus, que le développement des deux commandements de l'amour de Dieu et de l'amour du prochain qui résument la Loi et les Prophètes, Mt, xxii, 37-40. Ces considérations préliminaires nous conduisent à commenter sommairement chacune des demandes de cette prière.

L'Oraison dominicale débute par une apostrophe : *Notre Père, qui es aux cieux*, ou *au ciel*. Cette expression « Père » est familière dans la bouche de Jésus et on la rencontre presque à toutes les pages de l'Evangile. Ce terme de : « Père » est le plus tendre et le plus touchant qu'il soit possible d'imaginer ; il force les portes du cœur et remue l'âme dans ce qu'elle a de plus intime et de plus délicat. L'homme, qui ne peut prier qu'avec le langage humain, trouve dans ce début tout ce qui est de nature à donner à l'expression de ses sentiments une confiance aveugle, qui est le meilleur moyen de rendre une prière efficace, par la raison toute naturelle que la confiance ou la persuasion ferme et stable est le plus puissant ressort des aspirations de l'âme. N'est-ce pas dans ce sens que Jésus dit à ses disciples, Mt, xvii, 19, (20 grec) ; Lc, xvii, 6 : « En vérité je vous le dis, si vous aviez de la foi comme un grain de sénevé, vous diriez à cette montagne : Transporte-toi d'ici là et elle se transporterait ;

rien ne vous serait impossible (1) ». Ce Père « est aux cieux ». C'est là une affirmation de la conscience populaire. Le peuple a, en effet, toujours cru que le ciel est le séjour de Dieu. La théologie elle-même, qui enseigne l'immensité de Dieu, rejoint l'instinct populaire en soutenant que Dieu est au ciel d'une *manière particulière*. Dans saint Matthieu, xɪ, 25, le Sauveur emploie une variante de cette formule : « Père, Seigneur du ciel et de la terre », Πάτερ, κύριε τοῦ οὐρανοῦ καὶ τῆς γῆς.

[1] *Que votre nom soit sanctifié.* — Il s'agit très probablement du culte par lequel on reconnaît la sainteté de Dieu. Le nom de Dieu en lui-même n'a pas besoin d'être sanctifié ; il ne peut être sanctifié que par l'adoration libre et spontanée de l'homme. Il est aussi possible que Jésus ait eu en vue l'avènement eschatologique où tous les peuples loueront et béniront Dieu. L'expression : « nom de Dieu » est un simple araméisme. L'araméen palestinien, langue parlée par Jésus, emploie le « nom » pour la « personne ». Le sens est donc : « Que vous soyez sanctifié ».

[2] *Que votre règne arrive.* — Ici surgissent toutes les opinions relatives à l'interprétation du « règne de Dieu », βασιλεία τοῦ Θεοῦ. S'agit-il d'un royaume eschatologique, extérieur, historique, établi sur la terre, ou bien est-il question d'un royaume éthique, intérieur, établi dans les âmes ? Le texte est muet sur ce sujet. Il se pourrait qu'il s'agisse des deux à la fois, ou du royaume de Dieu plein et entier sous tous ses aspects. Jésus ne dit rien, non plus, sur l'avènement du royaume :

(1) Le contexte prouve que le terme « foi », πίστις, a ici le sens de « confiance ». Saint Luc a puisé à une source différente, puisqu'il termine ainsi, 6ᵇ : « Vous diriez à ce mûrier (συκάμινος) : Déracine-toi, et plante-toi dans la mer ; et il vous obéirait. »

ni *où*, ni *quand*, ni *comment*. Il doit suffire à ses disciples d'appeler de tous leurs vœux le *fait* lui-même, c'est-à-dire l'avènement du royaume.

[3] *Que votre volonté soit faite sur la terre comme au ciel.* C'est une suite de l'avènement du royaume. Il est certain que, si le royaume de Dieu est établi, sa volonté s'accomplit par là même. Si la volonté de Dieu parvenait à s'accomplir sur la terre comme elle s'accomplit au ciel, nous aurions ici-bas la perfection idéale. Et Jésus ne cherche précisément que la perfection des âmes. La volonté de Dieu est la source de toute perfection et de toute sainteté. Le mal moral n'existe sur la terre que parce que la volonté de Dieu ne s'y réalise pas pleinement.

[4] *Donne-nous aujourd'hui notre pain pour la subsistance.* C'est la traduction du texte de saint Matthieu. Le Sauveur ne demande que le pain du jour, σήμερον. Il s'en remet pour le reste à la Providence de Dieu. Saint Luc a, il est vrai : « [notre pain] de chaque jour », τὸ κατ'ἡμέραν. Mais, comme nous le verrons un peu plus loin, lorsque nous nous efforcerons d'établir l'authenticité de l'Oraison dominicale, c'est le texte de saint Matthieu qui est plus conforme à l'enseignement de Jésus.

[5] *Remets-nous nos dettes comme nous les remettons à nos débiteurs* (1). Le Sauveur prêche ici la justice et la charité. C'est une forme nouvelle de l'enseignement qu'il avait déjà donné dans ce long discours, Mt, v, 23-24 ; cf. aussi Mc,

---

(1) Les termes grec : ὀφειλήματα, et latin : *debita* signifient strictement *dettes*. La traduction en langues modernes : « Pardonne-nous nos *offenses* » ne se justifie qu'en prenant les mots ὀφειλήματα et *debita* au sens éthique.

xi, 25 (1). Ces paroles sont citées dans la *Lettre de saint Polycarpe aux Philippiens*, vi, 2.

[6] *Et ne nous induis pas en tentation.* — Cette demande est dans les idées de Jésus et de son époque. La tentation est un acheminement vers le péché. Si l'on n'y résiste pas, on tombera infailliblement. Il faut donc demander à Dieu d'éloigner de nous la tentation. En même temps cette demande prépare la suivante.

[7] *Mais délivre-nous du méchant.* — Il s'agit de Satan, ὁ πονηρός. A cette époque Satan incarnait le mal. Dans l'Ancien Testament *Satan* signifie l'« ennemi », l' « adversaire ». Il est la cause de tous les maux. Par une admirable fiction littéraire l'auteur du Livre de Job le fait assister, i, 6-12, au conseil de Dieu, où il obtient la permission de mettre à l'épreuve la vertu de Job. Dans le Discours, rapporté par l'auteur du quatrième Evangile, xiv, Satan est dit, 30ᵇ le « prince de ce monde », ὁ τοῦ κόσμου ἄρχων. On comprend ainsi que Jésus ait enseigné à ses disciples à demander d'être délivrés de Satan (2).

VI. — L'Authenticité de l'Oraison dominicale.

Dans certains milieux on a émis l'opinion que l'Oraison dominicale n'est pas l'œuvre de Jésus.

(1) Le verset 26 est une interpolation. Le texte de saint Marc est plus explicite dans le sens éthique : τὰ παραπτόματα ὑμῶν, « vos transgressions », « vos péchés ».

(2) La doxologie qui dans le texte Rcpt., Mt, vi, 13ᵇ, termine l'Oraison dominicale : ὅτι σοῦ ἐστὶν ἡ βασιλεία καὶ ἡ δύναμις καὶ ἡ δόξα εἰς τοὺς αἰῶνας, « Parce qu'à Toi appartiennent le règne et la puissance et la gloire dans les siècles », est une note marginale de la liturgie primitive, qui a passé dans le texte.

Elle serait un produit des Evangélistes eux-mêmes ou de la première génération chrétienne. Les raisons que l'on fait valoir à l'appui de cette thèse, c'est que l'Oraison réflète des idées théologiques et porte l'empreinte d'une formule liturgique. On tend aujourd'hui, par une vue que l'on ne justifie pas, à dénier à Jésus-Christ tout ce qui dans l'Evangile porte la marque de la réflexion théologique. Ce principe, qui a une portée générale, ne peut être ici l'objet d'une discussion. Qu'il nous suffise de critiquer les deux faits sur lesquels on s'appuie.

L'Oraison dominicale n'est pas une page de haute théologie. Elle n'est, comme nous l'avons démontré, que l'expression d'une âme profondément religieuse qui s'adresse au Père céleste avec confiance, simplicité et abandon. Si elle contient quelques idées théologiques, ces idées étaient courantes à l'époque de Jésus. Elle n'a pas davantage une forme liturgique. Nous avons déjà noté que la Doxologie est rejetée comme une addition postérieure, parce que l'on y saisit l'influence liturgique des communautés chrétiennes. Tout ce que l'on pourrait dire, au point de vue de la contexture interne, c'est que Jésus n'a peut-être pas prononcé d'un seul trait l'Oraison dominicale. Les demandes, qui la composent, auraient été formulées par Jésus dans diverses circonstances ; les deux rédacteurs de la Synopse n'auraient fait que les recueillir pour en faire un tout. Au surplus, pour prouver que l'Oraison est l'œuvre de Jésus, il suffit d'établir que tous les éléments, qui la constituent, se trouvent dans les Synoptiques.

Le mot « Père », qui ouvre l'Oraison dominicale, est fréquent dans la bouche du Sauveur ; cf. Mt, v, 16, 45, 48 ; vi, 1, 6, 8, 15, 18, 26, 32 ; vii, 11, 21 ; x, 20, 29, 32, 33 ; xi, 25, 26, 27 ; xii, 50 ; xiii, 43 ; xv, 13 ; xvi, 17, 27 ; xviii, 10, 14, 19, 35 ; xx, 23 ; xxiii, 9 ; xxiv, 36 ; xxv, 34 ; xxvi, 29, 42, 53 ; xxviii, 19 ; Mc, viii, 38 ; xi, 25, 26 ; xiii, 32 ; xiv, 36 ; Lc, ii, 49 ;

vi, 36 ; ix, 26 ; x, 21, 22 ; xi, 13 ; xii, 30, 32 ; xxii, 29, 42 ; xxiii, 34, 46 ; xxiv, 49.

L'expression : « Qui es aux cieux » se trouve dans Mt, v, 16[b] : τὸν πατέρα ὑμῶν τὸν ἐν τοῖς οὐρανοῖς ; xi, 25 (variante déjà rapportée) ; xviii, 14 :... τοῦ πατρὸς ὑμῶν τοῦ ἐν οὐρανοῖς, 19[b] :... παρὰ τοῦ πατρός μου τοῦ ἐν οὐρανοῖς ; 35, légère variante : « Mon Père céleste », ὁ πατήρ μου ὁ οὐράνιος ; Mc, xi, 25[b] :... ὁ πατήρ ὑμῶν ὁ ἐν τοῖς οὐρανοῖς.

[1] L'expression « que ton nom soit sanctifié » ne se trouve nulle part ailleurs dans les Synoptiques ; on trouve l'équivalent dans le Cantique de Marie (ou d'Elisabeth ?), Lc, i, 49 : ἅγιον τὸ ὄνομα αὐτοῦ. Jésus lui-même prononce un *logion* équivalent dans Jn, xvii, 11[b] : « Père saint », Πάτερ ἅγιε.

[2] L'expression : « le règne de Dieu », ἡ βασιλεία τοῦ Θεοῦ, est très fréquente sur les lèvres de Jésus ; cf. Mt, vi, 33 ; xii, 28 ; xiii, 43 (légère variante : « dans le règne de leur Père », ἐν τῇ βασιλείᾳ τοῦ Πατρὸς αὐτῶν) ; xxi, 31, 43 ; xxvi, 29 (variante : « dans le règne de mon Père », ἐν τῇ βασιλείᾳ τοῦ πατρός μου) ; Mc, i, 15 ; iv, 11, 26, 30 ; viii, 39 ; ix, 46 ; x, 14, 15, 23, 24, 25 ; xii, 34 ; xiv, 25 ; Lc, vi, 20 ; vii, 28 ; viii, 10 ; ix, 60, 62 ; x, 9, 11 ; xi, 20 ; xii, 31 ; xiii, 18, 20, 28, 29 ; xvi, 16 ; xvii, 20[b], 21 ; xviii, 16, 17, 24, 25, 29 ; xxi, 31 ; xxii, 16, 18.

[3] L'expression : « que votre volonté soit faite » appartient aussi à Jésus-Christ. D'une manière identique ou équivalente, elle sortit bien des fois de la bouche du Sauveur. Cf. Mt, vii, 21[b] ; xii, 50 ; xxvi, 42[b] ; Mc, iii, 35 ; Lc, xxii, 42.

[4] L'expression : « Donne-nous aujourd'hui, etc. » est équivalente à celle de Mt, vi, 34.

[5] De l'expression : « Remets-nous nos dettes etc. » nous avons déjà signalé un équivalent, Mt, v, 23-24. Nous en signalons un autre encore plus expressif, Mt, xviii, 35.

[6] Les équivalents de : « et ne nous induis pas en tentation » sont : Mt, xxvi, 41[a] ; Mc, xiv, 38[a] ; Lc, xxii, 40[b], 46[b].

[7] On peut voir l'équivalent de : « mais délivre-nous du malin » dans Lc, xxii, 31-32.

Ce rapprochement de textes suffit à nous montrer que l'Oraison dominicale, sinon dans sa disposition actuelle, du moins dans sa substance et son fond, provient de Jésus-Christ. Nous retrouvons, éparpillées dans les Synoptiques, à peu près tous les éléments qui la composent. On ne saurait dès lors rejeter son authenticité, qu'en rejetant celle d'une masse de *logia* de Jésus, enregistrés par les rédacteurs des trois premiers Evangiles.

CHAPITRE III

La bonne prière.

I. LA PRIÈRE EN ESPRIT ET EN VÉRITÉ. — II. LA PRIÈRE CONFIANTE. — III. LA PRIÈRE EXAUCÉE. — IV. LA PRIÈRE ET LE JEÛNE. — V. LA PRIÈRE ET LA VIGILANCE.

Non seulement Jésus a prié lui-même et nous a légué une admirable Formule de prière, mais sa sollicitude est allée plus loin : il nous a indiqué quelles sont les conditions d'une bonne prière, d'une prière qui soit vraiment agréable à Dieu et digne de toute âme chrétienne. C'est ce que nous allons étudier.

I. — La prière en esprit et en vérité.

Dans son entretien avec la Samaritaine, Jésus lui dit, Jn, IV, 23-24 : « Mais l'heure vient, et elle est déjà venue, où les vrais adorateurs (1) adoreront le Père en esprit et en vérité (2). Car le Père demande de tels adorateurs. — Dieu est esprit, et il faut que ceux, qui l'adorent, l'adorent en esprit et en vérité (3). » Ces paroles exigent quelques explications : « L'heure est déjà venue. » C'est en

(1) οἱ ἀληθινοὶ προσκυνηταί.

(2) ἐν πνεύματι καὶ ἀληθείᾳ.

(3) ἐν πνεύματι καὶ ἀληθείᾳ δεῖ προσκυνεῖν. ·

effet Jésus qui enseigne l'essence de la vraie prière. Jusque-là on n'avait pas connu la vraie prière. Dans l'Ancien Testament, si l'on excepte quelques Psaumes et les Prophètes, la prière consiste surtout dans des offrandes et des sacrifices, choses purement matérielles.

Avec la venue du Messie, la prière entre dans une ère nouvelle, et devient exclusivement éthique. Il y a donc, sous ce rapport, un abîme entre l'Ancien et le Nouveau Testament. Le premier c'est la Lettre, le second c'est l'Esprit ; le premier c'est la Forme, le second c'est le Souffle qui l'anime ; le premier c'est l'Ombre, le second c'est la Réalité ; le premier c'est le Corps, le second c'est la Vie. L'expression : « en esprit » s'oppose à une prière purement extérieure et verbale ; l'expression : « en vérité » s'oppose à une prière fausse et hypocrite. Par ces mots le Sauveur condamnait le Pharisaïsme de son époque et de tous les temps qui se contente d'une prière matérielle, consistant en des formules que l'on répète machinalement ; c'est la réprobation de la prière du bout des lèvres et d'ostentation dont il est question dans saint Matthieu, vi, 5. La prière, étant une élévation, un cri de l'âme, doit surgir des profondeurs de la conscience. C'est l'homme intérieur qui prie. Les hypocrites, pénétrés d'orgueil, aimaient prier dans les synagogues et aux coins des rues, afin d'être glorifiés par les hommes. Dans Matthieu, v, 6, Jésus ne condamne pas la prière en commun, qu'il recommande au contraire dans Matthieu, xviii, 19, mais la prière vaniteuse, la prière par ostentation qui ne cherche pas tant à glorifier le Créateur qu'à gagner l'estime des hommes. Saint Matthieu, vi, 8, l'indique clairement. La première condition de la prière est l'humilité, comme il ressort de la belle parabole du Pharisien et du Publicain, Luc, xviii, 10-14.

II. — LA PRIÈRE CONFIANTE.

La prière recommandée par Jésus doit être confiante. C'est par la confiance au Père céleste que l'on obtient ce que l'on demande, car rien n'est aussi capable de toucher et de mouvoir que la confiance. Dieu exauce d'ordinaire quiconque s'abandonne librement entre ses bras. C'est le Père qui accueille l'enfant. Les instances de Jésus qui recommandent la confiance dans la prière sont de diverses espèces.

1° Nous avons d'abord l'exhortation à demander et à frapper : « Demandez, dit Jésus, et il vous sera donné ; cherchez et vous trouverez ; frappez et l'on vous ouvrira. Car quiconque demande reçoit, quiconque cherche trouve, et l'on ouvrira à celui qui frappe », Mt, VII, 7-8 ; Lc, XI, 9-10. Dans un autre passage le Sauveur est encore plus explicite, car il nous fait une promesse formelle : « Tout ce que vous demanderez dans la prière avec *foi* (1), vous le recevrez », Mt, XXI, 22. Dans saint Marc, XI, 23-24, le texte présente une variante : « Ainsi je vous le dis : tout ce que vous demanderez en priant, croyez que vous le recevrez et il vous sera accordé. »

2° Cette même confiance nous est inculquée par la délicieuse Parabole du Père et du Fils, Mt, VII, 9-11 ; Lc, XI, 11-13 : « Lequel de vous donnera une pierre à son fils, s'il lui demande du pain ? Ou, s'il demande un poisson, lui donnera-t-il un serpent ? (2) Si donc, méchants comme vous l'êtes, vous savez donner de bonnes choses à vos enfants, à combien plus forte raison votre Père

______

(1) πιστεύοντες, « croyant », c'est-à-dire « ayant confiance ».

(2) Saint Luc ajoute, verset 12 : « Ou, s'il demande un œuf, lui donnera-t-il un scorpion ? »

qui est dans les cieux donnera-t-il de bonnes choses à ceux qui les lui demandent (1). » Le motif de l'efficacité de cette demande n'est pas tant la bienveillance du Père, que la confiance avec laquelle le fils demande. En recourant au père, le fils ne doute pas un instant qu'il sera exaucé dans sa demande. Il n'hésite pas, il ne calcule pas ; le besoin le presse, et, dans ce besoin, il va directement au père, convaincu que le père viendra à son secours, peut-être que le père est obligé de l'assister. Le Sauveur ne pouvait pas trouver un exemple plus frappant, plus simple et plus saisissant que ce fait qui se passe chaque jour dans les familles. Tous ceux, parmi les assistants, qui étaient pères de famille comprenaient par cette parabole qu'ils devaient s'adresser au Père céleste avec le même abandon et la même confiance que leurs propres enfants s'adressaient à eux-mêmes. Et cet enseignement est fait pour tous les temps et pour tous les lieux (2).

III. — LA PRIÈRE EXAUCÉE.

Pour mieux encourager ses disciples à prier, le Sauveur leur promet que leur prière sera exaucée. Un texte de saint Matthieu, xviii, 19, est formel

(1) La finale de saint Luc, verset 13, est un peu différente : « Si donc, méchants, comme vous l'êtes, vous savez donner de bonnes choses à vos enfants, à combien plus forte raison le Père *céleste* (ἐξ οὐρανοῦ) donnera-t-il *l'Esprit saint* à ceux qui le lui demandent. »

(2) Les paraboles de l'Ami, Lc, xi, 5-8, et de la Veuve, Lc, xviii, 2-5, amenée par le verset 1, qui en indique le but : ... πρὸς τὸ δεῖν πάντοτε προσεύχεσθαι καὶ μὴ ἐκκακεῖν, et suivie de la conclusion, versets 6-8, contiennent le même enseignement.

sur ce sujet : « Je vous dis encore (1) que, si deux d'entre vous s'accordent sur la terre pour demander une chose quelconque, elle leur sera accordée par mon Père qui est dans les cieux » (2). Clément d'Alexandrie et Origène nous ont conservé un *agraphon*, qui est regardé comme authentique. Cet *agraphon* contient également la promesse que la prière sera exaucée : « Demandez, dit-il (Jésus), les [choses] grandes, et les [choses] petites vous seront accordées (3) ; — Demandez les [choses] grandes, et les [choses] petites vous seront accordées ; et demandez les [choses] célestes, et les [choses] terrestres vous seront accordées » (4).

Ces promesses réitérées démontrent que la prière, faite dans de bonnes conditions, est sûrement exaucée, pourvu que des raisons particulières de la Providence divine ne s'y opposent. Cette idée est entrée dans le courant doctrinal de la tradition chrétienne. C'est à la fois un soutien et une consolation : un soutien, car on déploie plus d'énergie et de constance dans la prière lorsqu'on est convaincu qu'elle sera exaucée ; une consolation, car on se réfugie dans la

(1) C'est ainsi qu'il faut traduire πάλιν. Le verset 18 est un second *logion* par rapport au verset 17. Si l'on traduisait πάλιν par « de nouveau », « une seconde fois », on laisserait entendre que Jésus leur avait déjà fait cette promesse.

(2) Mt, VI, 33 [b], pourrait fournir une autre indication dans le même sens. Cf. aussi Jean, XIV, 13, 14 ; XV, 16 ; XVI, 23, 24.

(3) αἰτεῖσθε γάρ, φησί, τὰ μεγάλα καὶ τὰ μικρὰ ὑμῖν προστεθήσεται. (*Strom.*, I, 24 [158].)

(4) αἰτεῖτε τὰ μεγάλα καὶ τὰ μικρὰ ὑμῖν προστεθήσεται καὶ αἰτεῖτε τὰ ἐπουράνια καὶ τὰ ἐπίγεια ὑμῖν προστεθήσεται. (*De Orat.*, c. 2). C'est l'équivalent du : *Quærite primum*, etc. Cf. Ropes, *Die Sprüche Jesu*, N° 143, dans *Texte und Unters.*, XIV, 2, ou von der Goltz, p. 62.

prière, lorsqu'on est sous le poids des souffrances et des épreuves de la vie. Quant aux conditions pour qu'elle soit exaucée, nous les connaissons déjà : Jésus les a formulées en deux mots : *en esprit* et *en vérité*. Si l'esprit, durant la prière, n'est pas fermement fixé en Dieu, s'il est distrait ou éparpillé sur des choses étrangères à la piété chrétienne, le corps a beau se livrer à tous les exercices de piété, à toutes les attitudes de 'a prière, on travaille inutilement. Ce mode de prière a été stigmatisé par le Sauveur, s'appropriant les paroles d'Isaïe (1) : « Ce peuple, dit-il, m'honore des lèvres, mais son cœur est loin de moi (2). » De plus, si l'on ne prie que pour remplir une formalité extérieure, pour un but plus ou moins humain, on se rend coupable d'hypocrisie, et d'autant plus coupable que cette hypocrisie s'exerce sous les yeux de Dieu, à l'égard de Dieu. C'est introduire l'immoralité dans ce qu'il y a de plus noble sur la terre : le commerce intime de l'âme avec Dieu. C'est à cette prière que conviennent les paroles du Seigneur dans l'Ancien Testament : « Cessez d'apporter de vaines offrandes : j'ai en horreur l'encens (3). »

IV. — LA PRIÈRE ET LE JEUNE.

Jésus venait de chasser le démon, qui depuis longtemps tourmentait un jeune homme, Mc, ix, 16-26. Frappés de ce fait extraordinaire, les disciples lui demandèrent, verset 28 (grec), 27 (latin) : « Pourquoi n'avons-nous pu chasser cet esprit ? » — Et il leur dit : « Cette espèce ne peut sortir que par la prière et le jeûne » (4). Nous n'in-

(1) xxix, 13.

(2) Mt, xv, 8 ; Mc, vii, 6.

(3) Is., i, 13.

(4) ... εἰ μὴ ἐν προσευχῇ καὶ νηστείᾳ. La réponse de Jésus est moins naturelle dans saint Marc. Dans saint Matthieu, avant de prononcer ce *logion,* xvii, 21 (grec)

sistons pas beaucoup sur ce sujet. Car, comme l'expression : « et dans le jeûne » a très peu de chance d'être authentique, le *logion* perd beaucoup de sa valeur relative, et ne converge que d'une manière plus ou moins problématique vers le but que nous poursuivons. Cette expression est probablement une addition postérieure, due à l'influence de l'Ancien Testament où le jeûne a un caractère fortement expiatoire.

V. — LA PRIÈRE ET LA VIGILANCE.

Dans le texte Rcpt. de saint Marc, xiii, 33, le Sauveur dit à ses disciples : « Voyez, veillez et priez (1), car vous ne savez pas quand ce temps viendra ». Les éditions critiques rejettent le terme « priez » et retiennent uniquement : « Voyez, veillez ». Mais, si cette expression est douteuse dans saint Marc, elle appartient sûrement à saint Luc, xxi, 36 : « Veillez donc et priez en tout temps (2), afin que vous soyez dignes d'échapper à toutes ces choses futures et de paraître debout devant le Fils de l'homme. » Ces paroles, dans leur simplicité, supposent une profonde connaissance psychologique. La prière toute seule ne suffit pas à l'homme, parce que l'homme est un être intelligent

20 (latin), Jésus répond, verset 20 (grec), 19 (latin), directement à la question des disciples, et leur indique pourquoi ils n'avaient pu chasser le mauvais esprit : « A cause de votre incrédulité. » La source de saint Matthieu est ici différente de celle de saint Marc. Ajoutons que TISCHENDORF et WESTCOTT-HORT rejettent ce verset de saint Matthieu ; ils le conservent dans saint Marc, mais sans l'expression « et dans le jeûne » καὶ νηστείᾳ. Le logion serait donc : « Cette espèce ne peut sortir que par la prière. »

(1) Βλέπετε, ἀγρυπνεῖτε καὶ προσεύχεσθε.

(2) Ἀγρυπνεῖτε οὖν ἐν παντὶ καιρῷ δεόμενοι.

et libre. Si nous étions des êtres inertes et inconscients, nous pourrions à la rigueur nous abandonner à la Providence. Mais par le fait même que, en tant qu'êtres intelligents et libres, nous sommes responsables de nos actes, nous sommes obligés de coopérer à l'action divine, et de prendre tous les moyens légitimes et humainement possibles pour triompher dans les luttes morales et éviter des chutes et des désastres. Dieu, d'autre part, ne saurait nous gouverner par des miracles continuels ; ordinairement il ne fait que suivre la marche régulière des événements. Voilà pourquoi, tout en ayant recours à la prière qui est destinée à provoquer l'intervention de Dieu, nous sommes tenus d'être vigilants, c'est-à-dire de faire tout ce qui est en notre pouvoir pour démasquer l'ennemi, éviter les pièges et les embûches et parcourir sûrement le chemin de la Morale et de la Vertu.

CHAPITRE IV

La Prière par l'intermédiaire de Jésus.

Dans saint Jean, xiv, 6, Jésus dit à l'apôtre saint Thomas : « Je suis la voie, la vérité et la vie. Nul ne vient au Père que par moi. » Ces dernières paroles exercèrent une grande influence sur les disciples et les premières communautés chrétiennes. Puisque Jésus est comme l'intermédiaire par lequel on arrive au Père, il faut donc que la prière aussi passe par Lui avant de parvenir au Père. C'est cette idée qui donna certainement naissance à la prière « par l'intermédiaire de Jésus (1) ». On a donc recours aux mérites et à l'intervention de Jésus. C'est par lui qu'on prie et c'est par lui qu'on obtient les secours dont on a besoin dans la vie présente. Cette conception conduisit à une autre idée plus claire et plus concrète. Jésus lui-même la formula, comme une conséquence naturelle de la réponse qu'il avait faite à saint Thomas : c'est la prière au nom de Jésus. Il revient souvent sur cette idée : « Tout ce que vous

(1) Cet usage se conserve même aujourd'hui dans la liturgie. La conclusion de presque toutes les prières de l'Eglise est celle-ci : *Per D. N. Jesum Christum,* « Par Jésus-Christ Notre Seigneur ».

demanderez, dit-il, [au Père] (1) *en mon nom* (2), je le ferai, afin que le Père soit glorifié dans le Fils. — Si vous demandez quelque chose *en mon nom* je le ferai (3). » — Plus loin il dira à ses apôtres : « Ce n'est pas vous qui m'avez choisi ; mais moi je vous ai choisis, et je vous ai établis afin que vous alliez et que vous portiez du fruit et que votre fruit demeure, afin que ce que vous demanderez au Père *en mon nom*, il vous le donne » (4) ; enfin il insistera de nouveau : « Jusqu'à présent vous n'avez rien demandé *en mon nom*. Demandez et vous recevrez, afin que votre joie soit pleine. » ; — « En ce jour, vous demanderez *en mon nom*, et je ne vous dis pas que je prierai le Père pour vous » (5). Ainsi donc, à maintes reprises, le Sauveur nous exhorte à demander en son nom, et il ajoute que la prière, faite dans ces conditions, sera efficace.

(1) Ces mots ne sont pas dans le texte grec.

(2) ἐν τῷ ὀνόματι μου.

(3) Jn, xiv, 13-14.

(4) *Ibid.*, xv, 16.

(5) *Ibid.*, xvi, 24, 26.

CHAPITRE V

La Prière à Jésus.

I. HOMMAGE DE VÉNÉRATION. — II. HOMMAGE AU MESSIE.
III. ADORATION A LA SUITE D'UN MIRACLE. — IV. VIF SENTIMENT DE
SA GRANDEUR DIVINE. — V. APRÈS LA RÉSURRECTION
ET LES APPARITIONS.

On s'est demandé si Jésus a jamais exhorté ses disciples à lui adresser des prières. Communément on pense que non. Un seul passage, Jn, xiv, 14, pourrait le laisser supposer. Le texte latin porte en effet : « Si vous *me* demandez quelque chose ». Mais la masse des critiques rejette, à tout le moins comme douteux, le pronom μι. Ce pronom se trouve dans les Manuscrits onciaux suivants : Sinaïticus et B E H U, mais il manque dans A D G K L M. D'autres critiques regardent le verset 14 comme une répétition du verset 13, due à la négligence du copiste, puisque les mots sont presque les mêmes. Enfin si le pronom *me*, μι, était authentique, nous aurions une sorte de tautologie : « Si vous *me* demandez quelque chose *en mon nom*, je le ferai. » On ne comprend pas, pourquoi, en s'adressant à Jésus directement, on doit lui demander quelque chose en son nom. Pour ces raisons, nous nous abstiendrons de faire état de ce verset.

Mais si Jésus n'a vraisemblablement jamais exigé qu'on lui adresse des prières, il est certain que de son vivant on lui en adressa. Divers personnages, qui paraissent dans le Nouveau Testament, recourent au Sauveur pour en obtenir quelque faveur, ou pour implorer sa miséricorde ; d'autres vont même jusqu'à l'adorer, ce qui est peut-être la forme la plus parfaite de la prière. Von der Goltz a groupé, p. 74-78, sous trois chefs, tous ces modes euchologiques. Nous suivrons son procédé, en nous permettant de le modifier quelquefois pour plus de clarté. Commençons par dégager les diverses appellations que l'on donne à Jésus dans les Synoptiques ; elles sont au nombre de trois : « Seigneur », κύριε, Mt, VIII, 25 ; XVII, 4, 15 (grec), 14 (latin) ; XX, 31, 33 ; Lc, XVIII, 41 ; — « Maître », διδάσκαλε (grec), ou ῥαββί (hébr.), Mc, IV, 38 ; IX, 5 (grec), 4 (latin), 17 (grec), 16 (latin) ; X, 51 ; Lc, IX, 38 ; — « Chef », « Directeur », ἐπιστάτα, Lc, VIII, 24 (1).

Il nous reste maintenant à classer les divers modes de prière.

I. — Hommage de vénération.

[1°] Mt, VIII, 2 : Et voici, un lépreux, s'étant approché, se prosterna devant lui, et dit : « Seigneur, si tu le veux, tu peux me rendre pur » (2).

Mc, I, 40 : Et un lépreux vient à lui, le priant, se jetant à genoux et lui disant : « Si tu veux, tu peux me rendre pur » (3).

Lc, V, 12 : ... tombant [le lépreux] sur sa face, il le priait, disant, etc. (4).

(1) Il va sans dire que nous n'avons pas cité tous les passages. On peut compléter cette liste au moyen d'une Concordance.

(2) Καὶ ἰδοὺ λεπρὸς ἐλθὼν προσεκύνει αὐτῷ, λέγων · Κύριε, ἐὰν θέλῃς, δύνασαί με καθαρίσαι.

(3) ... παρακαλῶν αὐτὸν καὶ γονυπετῶν αὐτόν.

(4) πεσὼν ἐπὶ πρόσωπον ἐδεήθη αὐτοῦ, λέγων, κ. τ. λ.

[2°] Mt, ix, 18 : Voici, un chef, étant arrivé, se prosterna devant lui, disant, etc. (1).

Mc, v, 22-23 : Et voici, un des chefs de la Synagogue, nommé Jaïre, vient, et le voyant, tombe à ses pieds, et le pria beaucoup disant, etc. (2).

Lc, viii, 41 : Et voici, il vint un homme, du nom de Jaïre, qui était chef de la Synagogue, et, tombant aux pieds de Jésus, le priait, etc. (3).

[3°] Mt, xvii, 14 : Lorsqu'ils furent arrivés près de la foule, un homme vint se jeter à genoux devant lui [Jésus] etc. (4).

Lc, ix, 38 : Et voici un homme de la foule cria disant : « Maître, je te prie de regarder, etc. » (5).

[4°] Lc, xvii, 15-16 : l'un [des lépreux] ... revint sur ses pas, glorifiant Dieu à haute voix. Et il tomba sur sa face aux pieds de Jésus, lui rendant grâces, etc. » (6).

(1) ἰδοὺ ἄρχων εἷς ἐλθὼν προσεκύνει αὐτῷ, λέγων, κ. τ. λ.

(2) καὶ ἰδὼν αὐτὸν πίπτει πρὸς τοὺς πόδας αὐτοῦ. Καὶ παρεκάλει αὐτὸν πολλὰ λέγων, κ. τ. λ. Cf. aussi, x, 17.

(3) καὶ πεσὼν παρὰ τοὺς πόδας τοῦ Ἰησοῦ παρεκάλει αὐτόν, κ. τ. λ.

(4) προσῆλθεν αὐτῷ ἄνθρωπος γονυπετῶν αὐτόν, κ. τ. λ. — Saint Marc, ix, 17 (grec), 16 (latin), n'a pas de prière : il se contente de dire : « un de la foule répondit », Καὶ ἀπεκρίθη εἷς ἐκ τοῦ ὄχλου.

(5) Διδάσκαλε, δέομαί σου, κ. τ. λ.

(6) ... μετὰ φωνῆς μεγάλης δοξάζων τὸν Θεόν. Καὶ ἔπεσεν ἐπὶ πρόσωπον παρὰ τοὺς πόδας αὐτοῦ, εὐχαριστῶν αὐτῷ, κ. τ. λ. — εὐχαριστῶν αὐτῷ devient dans la bouche de Jésus, verset 18, δοῦναι δόξαν τῷ Θεῷ.

II. — HOMMAGE AU MESSIE D'APRÈS LA CROYANCE JUIVE.

[1°] Mt, ii, 2 : Nous sommes venus l'adorer (1) ; — verset 8, Hérode dit : ... quand vous l'aurez trouvé, faites-le-moi savoir, afin que j'aille aussi moi-même l'adorer (2) ; verset 11, les mages se prosternent et adorent [l'enfant Jésus] (3).

[2°] Mt, xx, 20 : La mère des fils de Zébédée s'approche de Jésus, pour lui faire une demande (4).

[3°] Mt, xx, 30 : Aie pitié de nous, Seigneur, fils de David (5).

Mc, x, 47 : O Fils de David, Jésus, aie pitié de moi (6) ; — verset 48 : Fils de David, aie pitié de moi (7).

Jn, ix, 38 : Et il [l'aveugle] dit : « Je crois, Seigneur ; et il l'adora » (8).

Mc, xi, 9 (grec), 10 (latin) : Les disciples et le peuple, à son entrée à Jérusalem, le saluent en

---

(1) καὶ ἤλθομεν προσκυνῆσαι αὐτῷ.

(2) ... ὅπως κἀγὼ ἐλθὼν προσκυνήσω αὐτῷ.

(3) πεσόντες προσεκύνησαν αὐτῷ. — Cet usage est tout à fait oriental. En Orient, en effet, on se prosterne devant les monarques et on les adore. C'est la προσκυνήσις impériale.

(4) ἡ μήτηρ τῶν υἱῶν Ζεβεδαίου μετὰ τῶν υἱῶν αὐτῆς προσκυνοῦσα καὶ αἰτοῦσά τι ἀπ'αὐτοῦ.

(5) Ἐλέησον ἡμᾶς, Κύριε, υἱὸς Δαυίδ. — Cf. aussi, ix, 27 ; xv, 22 ; xvii, 15 (grec), 14 (latin).

(6) Ὁ υἱὸς Δαυίδ Ἰησοῦ, ἐλέησόν με.

(7) Υἱὲ Δαυίδ, ἐλέησόν με. — Saint Luc, xviii, 35-43, termine ainsi : « Tout le peuple, voyant cela, loua Dieu », καὶ πᾶς ὁ λαὸς ἰδὼν ἔδωκεν αἶνον τῷ Θεῷ.

(8) Πιστεύω, κύριε · καὶ προσεκύνησεν αὐτῷ.

disant : « Osanna (sauve-nous) ; béni celui qui vient au nom du Seigneur » (1).

Mc, xv, 19 : Les bourreaux eux-mêmes l'adorent par dérision : « ... fléchissant les genoux, ils se prosternaient devant lui » (2).

III. — Adoration a la suite d'un miracle.

[1°] Mt, xiv, 33 (après l'apaisement de la tempête) : Ceux qui étaient dans la barque se prosternèrent devant lui disant : « Tu es véritablement le Fils de Dieu » (3).

[2°] Mc, v, 33 (la femme qui perdait du sang) : La femme... se jeta à ses pieds (4) et lui dit toute la vérité.

[3°] Lc, v, 8 (après la pêche miraculeuse) : Simon Pierre, voyant cela, se jeta aux pieds de Jésus, disant, etc. (5).

IV. — Vif sentiment de sa grandeur divine.

[1°] Mt, viii, 34 : Les Gadaréniens, frappés du miracle, qu'il venait d'opérer, le prient de s'éloigner de leur région (6).

[2°] Mt, xvii, 6 (après la transfiguration) : Ses disciples, ayant entendu (cette voix), tombèrent

---

(1) Ὡσαννά · εὐλογημένος ὁ ἐρχόμενος ἐν ὀνόματι κυρίου. — Cf. aussi Mt, xxi, 9 ; Lc, xix, 38. — Dalman a essayé de reconstituer ces paroles en araméen : *hôsha-nâ bârûk ha-bât b-shêm Iahveh.*

(2) Τιθέντες τὰ γόνατα προσεκύνουν αὐτῷ. — Cf. aussi Mt, xxvii, 29.

(3) Οἱ δὲ ἐν τῷ πλοίῳ προσεκύνησαν αὐτῷ λέγοντες, κ. τ. λ.

(4) προσέπεσεν αὐτῷ. — Cf. aussi Lc, viii, 47.

(5) ... προσέπεσεν τοῖς γόνασιν τοῦ Ἰησοῦ, λεγών, κ. τ. λ.

(6) Cf. Mc, v, 17 ; Lc, viii, 37.

sur leur face, et furent saisis d'une grande frayeur (1).

[3°] Mc, iii, 11 (l'attitude des démons) : Les esprits impurs, quand ils le voyaient, se prosternaient devant lui, et s'écriaient disant : « Tu es le Fils de Dieu » (2).

[4°] Lc, vii, 16 (après la résurrection du jeune homme de Naïm) : Tous furent saisis de crainte et ils glorifièrent Dieu disant : « Un grand prophète a paru parmi nous ; et Dieu a visité son peuple » (3).

[5°] Jn, xviii, 6 : Lorsque Jésus leur eût dit [C'est moi], ils reculèrent, et tombèrent par terre (4).

V. — Après la résurrection et les apparitions

[1°] Mt, xxviii, 9 : Et voici, Jésus vint à leur rencontre, disant : « Salut ! ». Elles [les saintes femmes] s'étant approchées, saisirent ses pieds et elles se prosternèrent devant lui, etc. (5).

[2°] Mt, xxviii, 17. Et, voyant [les onze disciples] lui, ils l'adorèrent, etc. (6).

[3°] Lc, xxiv, 5 : Etant [les saintes femmes] saisies de frayeur, elles baissèrent le visage contre terre, etc. (7).

(1) ἔπεσον ἐπὶ πρόσωπον αὐτῶν καὶ ἐφοβήθησαν σφόδρα.

(2) ... προσέπιπτον αὐτῷ καὶ ἔκραζον, λέγοντα · Ὅτι σὺ εἶ ὁ υἱὸς τοῦ Θεοῦ.

(3) ... καὶ ἐδόξαζον τὸν Θεόν, λέγοντες · Ὅτι προφήτης μέγας ἐγήρεται ἐν ἡμῖν, καὶ · Ὅτι ἐπεσκέψατο ὁ Θεος τὸν λαὸν αὐτοῦ.

(4) ... ἀπῆλθον εἰς τὰ ὀπίσω καὶ ἔπεσον χαμαί. — On peut voir aussi, comme reconnaissance de sa divinité, la confession de saint Thomas, Jn, xx, 28.

(5) ... ἐκράτησαν αὐτοῦ τοὺς πόδας καὶ προσεκύνησαν αὐτῷ, κ. τ. λ.

(6) Καὶ ἰδόντες αὐτὸν προσεκύνησαν αὐτῷ, κ. τ. λ.

(7) ... καὶ κλινουσῶν τὸ πρόσωπον εἰς τὴν γῆν, κ. τ. λ.

[4°] Lc, xxiv, 53 : Et [les onze et d'autres fidèles], l'ayant adoré (1), retournèrent à Jérusalem avec une grande joie.

(1) Καὶ αὐτοὶ προσκυνήσαντες αὐτὸν, κ. τ. λ.

CONCLUSION

Nous avons étudié la prière dans ses relations avec Jésus. Cette courte étude a été à la fois instructive et édifiante : *instructive,* car elle nous a donné une idée plus exacte, un sentiment plus vif de la prière chrétienne ; *édifiante,* car elle nous a permis de constater tout ce que la prière, au temps de Jésus, a de beau, de grand et de touchant. C'est à dessein que je n'ai pas dépassé cette période. Sans doute les prières des premières générations chrétiennes sont excellentes, mais j'ai voulu faire éprouver au lecteur la sensation de la prière de Jésus lui-même et de son entourage. En toutes choses, rien n'est beau comme la source. Les chrétiens ne manquent pas de prières. L'Eglise et les auteurs mystiques n'ont pas négligé de distribuer à leur âme cet aliment en abondance. Mais ces prières, quelque belles qu'elles soient, ne respirent pas le parfum de celles qui se trouvent dans l'Evangile. C'est à l'école de Jésus qu'il faut apprendre l'art de prier, comme on y apprend l'art de pratiquer la vertu et de se sanctifier. L'auteur s'estimerait grandement récompensé de ses recherches, si la lecture de ces pages contribuait à inspirer aux âmes un plus grand amour pour la prière qui vient de Jésus et de son milieu, et un plus grand dévouement pour la pratiquer et la répandre.

TABLE DES MATIÈRES

CHAPITRE V

BIBLIOTHÈQUE

DE

L'ENSEIGNEMENT SCRIPTURAIRE

PUBLIÉE SOUS LA DIRECTION

DE

Mgr PIERRE BATIFFOL,

Recteur de l'Institut Catholique de Toulouse,

V. ROSE, O. P.

Professeur d'Ecriture Sainte à l'Université de Fribourg (Suisse),

J. TOUZARD

Professeur d'Ecriture Sainte au Séminaire Saint-Sulpice, Paris.

La renaissance des études scripturaires en France peut être depuis un certain nombre d'années déjà, considérée comme un fait accompli. L'apparition de plusieurs travaux exégétiques d'une incontestable valeur scientifique en fait foi. On en trouve une preuve encore plus évidente dans l'attention croissante que le public laïc instruit, aussi bien que le monde ecclésiastique, donne aux problèmes qui ressortissent aux sciences bibliques.

Il en résulte un besoin : celui de trouver en France même des travaux comparables à ceux que les Allemands et les Anglais ont, en si grand nombre, à leur disposition. En effet, la plupart de ces questions, si actuelles, ne sont guère examinées d'un point de vue scientifique que dans des ouvrages écrits en langue étrangère, accessibles par conséquent à un petit nombre seulement de lecteurs. Les ouvrages français font défaut ou ne répondent pas aux questions posées. Beaucoup de travailleurs de bonne volonté ont exprimé à maintes reprises le regret qu'ils éprouvaient de cette fâcheuse lacune.

C'est pour cette raison que l'on a accueilli avec tant de sympathie les premiers volumes de la belle collection inaugurée par le R. P. Lagrange. Les études bibliques signées par l'illustre dominicain et par ses collaborateurs sont des œuvres dignes de soutenir la comparaison avec la plupart des productions scientifiques de l'étranger.

Toutefois, par leur nature même, ces ouvrages s'adressent à une élite et sont presque exclusivement réservés à des spécialistes. En beaucoup de milieux, on a exprimé le désir de voir se constituer une série d'un caractère plus élémentaire quoique aussi nettement scientifique. Tandis que son prix modéré la mettrait à la portée de tous, la simplicité de son plan, la clarté de sa rédaction la recommanderaient à ceux — séminaristes, prêtres du ministère, laïcs instruits, — qui désirent se mettre au courant des questions aujourd'hui débattues en exégèse.

La *Bibliothèque de l'enseignement scripturaire* s'efforcera de répondre à cette préoccupation. Cette collection catholique voudrait tenir en France la place que la collection protestante *Cambridge Bible for Schools and Colleges* occupe en Angleterre.

Il semble que le temps soit passé où un seul auteur pouvait se charger d'initier le public, soit dans un *Manuel,* soit dans une *Introduction,* soit dans un *Commentaire,* à tout l'ensemble des questions bibliques. Le champ de l'exégèse s'est trop étendu en ces dernières années pour qu'un homme prétende, à lui seul, le parcourir et le retourner. D'ailleurs l'intérêt des études gagnera beaucoup à ce que divers auteurs signalent divers points de vue et découvrent des horizons variés. La seule chose à sauvegarder est l'unité de l'esprit qui animera ces travaux. Il sera facile aux divers rédacteurs de la *Bibliothèque de l'enseignement scripturaire* d'assurer le public qu'ils n'auront rien de plus sacré que leur fidélité aux enseignements de l'Église. Au point de vue scientifique et à raison même du but qu'ils poursuivent, leur rôle sera moins de soulever des problèmes nouveaux, que de mettre leurs lecteurs au courant des questions agitées et des solutions acquises ou proposées.

La collection comprendra deux séries.

Une série de volumes sera consacrée au commentaire

de divers livres bibliques. Chaque volume renfermera une *introduction*, dans laquelle seront exposées les données relatives à l'auteur, à l'analyse du livre, et surtout à sa portée doctrinale ; — une *traduction critique*, faite d'après l'original avec le secours des anciennes versions ; — une série de *notes exégétiques*, qui auront pour but d'élucider le texte même du livre à l'aide des explications que peuvent fournir la théologie, la linguistique, l'archéologie biblique, etc.

Les autres volumes seront ou des travaux d'introduction générale, destinés à préparer les lecteurs à l'intelligence des commentaires, ou des synthèses ayant pour but de résumer et de coordonner les divers renseignements fournis par les études particulières. Nous indiquons ici, dans ses grandes lignes, le plan de cette seconde série. Un tel plan est nécessairement provisoire et incomplet. Le progrès des sciences bibliques donne à prévoir des modifications dans la manière de classer et d'étudier les problèmes. La *Bibliothèque de l'enseignement scripturaire* s'efforcera de faire face aux besoins nouveaux : c'est pourquoi elle ne s'enferme pas d'avance dans un cadre rigoureusement circonscrit.

I. — QUESTIONS GÉNÉRALES

L'inspiration : sens du dogme, son histoire.
Histoire de l'exégèse juive et chrétienne.
L'herméneutique et les règles de l'interprétation scripturaire.

II. — ANCIEN TESTAMENT

Le Canon de l'Ancien Testament.
Les textes et les versions de l'Ancien Testament.
Histoire du peuple Juif.
Théologie de l'Ancien Testament.
Histoire littéraire de l'Ancien Testament.
Les Apocryphes de l'Ancien Testament.
Archéologie biblique.
Histoire des peuples de l'Orient dans leurs rapports avec l'Ancien Testament.

III. — NOUVEAU TESTAMENT

Le Canon du Nouveau Testament.
Textes et versions du Nouveau Testament.
Histoire du peuple Juif au temps de Notre-Seigneur.
Théologie du Nouveau Testament.
Histoire littéraire du Nouveau Testament.
Les Apocryphes du Nouveau Testament.
L'histoire des temps apostoliques.

ONT PARU OU PARAITRONT PROCHAINEMENT :

L'ENSEIGNEMENT DE JÉSUS, par Mgr Pierre Batiffol.

LA QUESTION SYNOPTIQUE, par V. Rose.

ÉVANGILE SELON SAINT JEAN, par le même.

LE LIVRE D'AMOS, par J. Touzard.

LE LIVRE DE LA SAGESSE, par P. Cersoy, directeur au Grand Séminaire d'Orléans.

LES LIVRES DE SAMUEL, par L. Hackspill, professeur à l'Institut Catholique de Toulouse.

LE DEUTÉRONOME, par L. Vénard.

LA
PENSÉE CHRÉTIENNE
TEXTES ET ÉTUDES

Volumes grand in-16 à prix divers.

L'idée qui préside à la nouvelle Collection est excellente. La meilleure apologie du christianisme est encore de le faire connaître, de le montrer tel qu'il est, de le présenter à ceux qui l'ignorent. Tant de préjugés se dissipent dans une simple présentation ! Et tant de gens ne nous ont vus qu'à travers le travestissement sous lesquels nous exhibent nos ennemis.

(*Ami du Clergé.*)

C'est là une idée très heureuse, et on peut espérer que sa réalisation contribuera efficacement à répandre la connaissance des grands écrivains ecclésiastiques, que beaucoup de gens ne voudront jamais lire dans les in-folio ni dans leur langue originale.

(*Bollandiana.*)

On estime avec raison que, de ce témoignage collectif, se dégagera une apologétique d'autant plus persuasive que chaque monographie sera par elle-même un écho plus fidèle et plus discret. Les noms des distingués collaborateurs et les heureux débuts font bien augurer.

(*Études Religieuses.*)

Nous ne saurions trop appeler la plus sympathique attention de nos lecteurs sur cet arsenal que construisent des hommes autorisés, et où nous souhaitons qu'ils puisent souvent pour se fortifier eux-mêmes et pour conquérir les autres.

Cette très précieuse collection *répond à l'un des besoins les plus urgents des générations qui arrivent à la vie de l'esprit.*

(*Le Correspondant.*)

788-06. — Imp. des Orph.-Appr., F. Blétit, 40, rue La Fontaine, Paris.

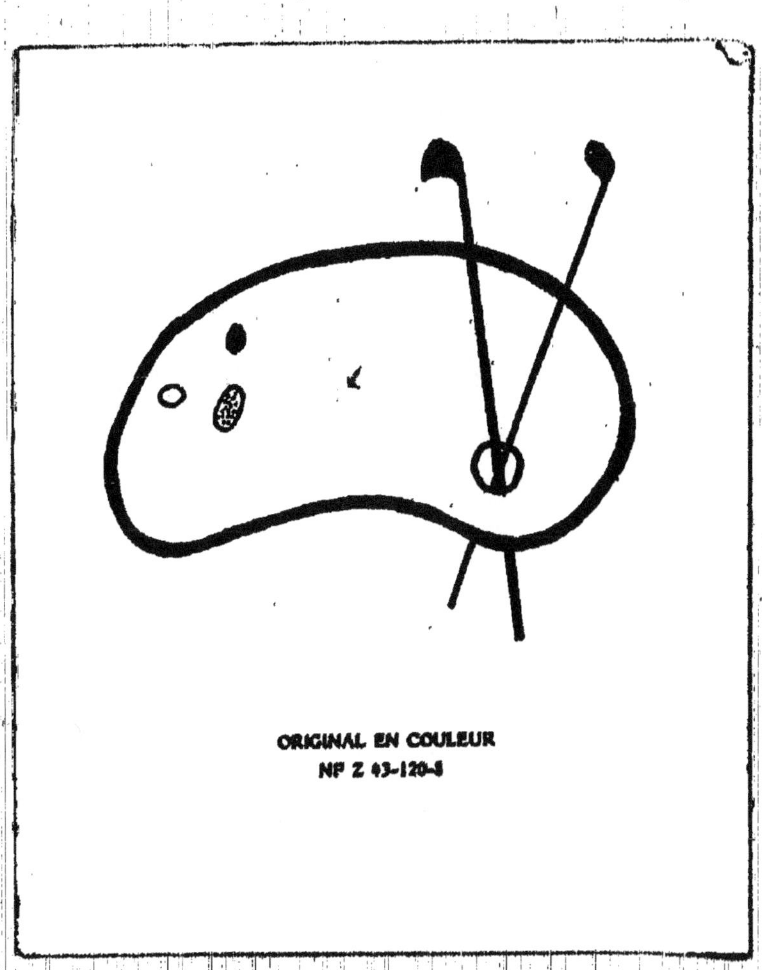

ORIGINAL EN COULEUR
NF Z 43-120-8